AF243191

LETTRES POLITIQUES

SUR

LA FRANCE.

LETTRES POLITIQUES

SUR

LA FRANCE.

PAR UN PUBLICISTE ÉTRANGER.

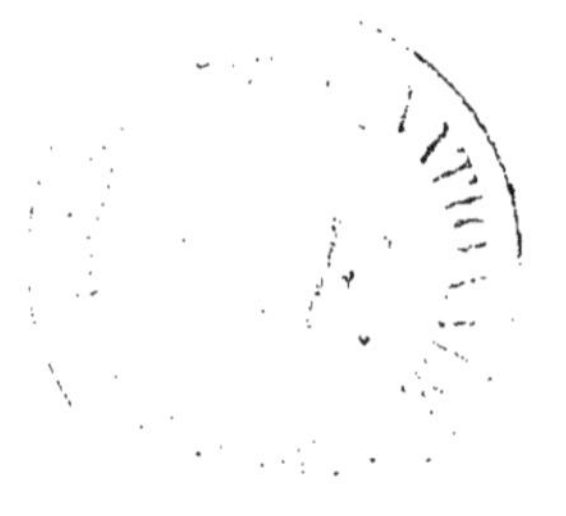

La République comme en Amérique,
ou la Démocratie comme en Belgique.

PARIS,
IMPRIMERIE DE J. CLAYE ET COMPAGNIE,
rue Saint-Benoît, 7.

1851.

AVIS DE L'ÉDITEUR.

Cet opuscule, sans doute, ne renferme pas ce qu'on appelle aujourd'hui une *solution*, mais, selon nous, il pose bien nettement les conditions de toute solution définitive. Nous prenons la liberté de le recommander à la réflexion du lecteur.

PREMIÈRE LETTRE.

———

Vous me demandez mes idées sur la France! Seriez-vous incurables et condamnés, dites-vous, à mourir de mort violente? Je n'oserais répondre ni oui ni non; mais je crois être convaincu que tant que vous resterez comme vous êtes, dans les conditions anormales où vous êtes, vous serez toujours moins remédiables et plus menacés.

Vous avez essayé toutes les formes, mis à l'essai des principes opposés, et la question de gouvernement est restée pendante. Pourtant l'immense majorité du pays, sous la seule influence de sa raison, en dehors de toute acception de choses et de personnes, veut un gouvernement d'ordre et de durée, et veut ce gouvernement par la liberté. L'immense majorité du pays, qui ne croit plus aux fictions, au savoir-faire, aux demi-mesures, commence à comprendre qu'il n'y a à espérer encore que dans le gouvernement logique ; et ce gouvernement logique où en sont pour vous les premières conditions?

Si, diverse d'esprit, de moyens et de circonstances, chacune des expériences faite depuis soixante ans a eu les mêmes inconvénients, a amené les mêmes résultats; si le gouvernement, tel qu'il a été, n'a pu se donner une puissance morale supérieure, et se formuler en durée dans l'assentiment national, il doit y avoir à cela une raison fixe, commune, un obstacle également insurmontable à toute combinaison, telle qu'elle fût.

On dira peut-être qu'il faut voir dans le caractère national la cause de cette impossibilité à vous fixer dans un ordre de choses quelconque ; que vous êtes trop passionnés pour être convaincus ; que vous êtes travaillés d'un besoin de bruit, d'action et de mouvement qui vous rend difficile de vous suffire du bon sens et de vous satisfaire de la règle ? S'il en est ainsi, il est évident qu'avant tout un bon régime pour vous serait celui qui neutraliserait le plus possible, pour votre bien, la

funeste influence de votre caractère. — Or, au lieu de
ce régime sanitaire, correctif et, permettez-moi l'expression, orthopédique, qui restreignît votre volonté
pour la régler, qui vous rendît plus difficile de vouloir
trop, de vouloir toujours, vous vous êtes, au contraire,
obstinés à chercher l'ordre et la durée par l'assiette politique qui vous provoque, vous exagère et se prête le
mieux à l'action perturbatrice de votre nature ; vous
vous êtes obstinés, en un mot, à demander l'amélioration à la combinaison qui vous empire.

Comme le monde s'est fait, dans les rapports de so-
ciabilité, de vie commune où nous sommes arrivés, dans
un état de civilisation incessamment expansif, où tout
se mêle, se croise, se développe, agit et réagit, où l'in-
dividu prend toujours plus de place et la multitude
toujours plus de part, il est clair qu'au fonctionne-
ment satisfaisant d'un gouvernement de liberté, quel
qu'il puisse être, il y a des conditions de nombre et
d'étendue infranchissables : au delà de certaines proportions, le gouvernement de tous, tous ensemble, n'est
plus réalisable. Ainsi, dans les circonstances politiques,
physiques et morales de la France, avec le chiffre de
sa population, avec ses idées, ses volontés, ses exi-
gences, on se dit que trente-six millions d'hommes,

quels qu'ils fussent, fondus, violentés dans une unité abstraite, absolue, seraient toujours mal gouvernés ; et quand particulièrement il s'agit de la France, on n'hésite pas à prononcer que du fait des hommes et des choses trente-six millions de Français sont ingouvernables par cela qu'ils sont trente-six millions. En France plus qu'ailleurs, le nombre est anarchique. La centralisation absolue est là une contradiction désespérée à la fin qu'on se propose.

DEUXIÈME LETTRE.

Dans la centralisation absolue, le gouvernement, dans un pays libre, manque de lest et de point d'appui. Le principe des majorités ne le consacre et ne l'abrite pas assez. Par le suffrage universel, la majorité qui sort d'une masse de neuf à dix millions d'électeurs, reste insuffisante ; elle est la majorité d'une minorité trop considérable : en politique, cinq disent plus contre quatre que cinq millions vis-à-vis de quatre millions. Dans l'absence du suffrage universel, par un cercle électoral restreint, la majorité est moins déterminante encore. Elle a contre elle, on peut supposer qu'elle a contre elle, tout ce qui n'a pas concouru à sa formation. Quoi qu'on fasse, et nous dirons même, quel que puisse être le chiffre accidentel de la majorité, dans la centralisation il reste en dehors du gouvernement légal trop de pression, trop de force et de mouvement politique. La puissance morale ne suit pas la majorité numérique comme une conséquence suffisante, parce que, plus que la minorité, on peut la supposer formée par des motifs personnels de classe et de position. Cette majorité est simplement légale comme une addition est juste. Pour s'imposer, il lui faut la loi comme force. Au fond elle gouverne ainsi que l'on combat. Cette nécessité la décrédite, et bientôt elle apparaît ou hostile ou impuissante.

Ainsi plus qu'un autre, le gouvernement de la centralisation absolue est un gouvernement de force répressive. Or la loi souffre toujours de la présence de la force. Dès qu'elle se montre avec du fer, elle peut déjà moins sur les esprits. Aussi, voyez comme ailleurs on la ménage. En Angleterre, par exemple, on laisse tout faire à son prestige, à son action morale, et elle se suffit d'une baguette de bois blanc dans la main du constable. Chez vous, dans la centralisation, il lui faut de l'artillerie. Le gouvernement toujours debout, haletant sous la pression du dehors, toujours sous le coup d'improvisations violentes, ne blesse pas seulement la liberté et la légalité, il se change réellement en pouvoir militaire administrant sa conquête ; et ainsi, l'obligation d'avoir des soldats dans la rue, et de voir dans l'armée un moyen de gouvernement, fait conséquemment de la centralisation le gouvernement le plus cher.

La centralisation absolue, par cela qu'elle remue le pays, qu'elle met tout sur un point, qu'elle attire les yeux et dramatise la politique, fait du gouvernement représentatif un véritable spectacle, une sorte de représentation gouvernementale. Les Français ne vont pas à la chambre chercher la vérité, asseoir leurs convictions, discuter froidement des intérêts : ils se pressent avant tout à ces jeux olympiques de la parole. Aussi les étrangers disent-ils que l'homme d'État, chez vous, est toujours à l'état de phrase, et que vous avez fait de la politique une branche de votre littérature.

Quoi a rendu en France tant de révolutions et de contre-révolutions faciles, tant de choses incroyables possibles? Quoi, en soixante ans, vous a fait passer de la monarchie antique à la république,—de la république à l'empire,—de l'empire à la royauté légitime,—de la royauté légitime à la monarchie constitutionnelle et de la monarchie constitutionnelle à la république démocratique ? quoi ? la centralisation : il n'y a de *tour de main* facile que par elle. Si je voulais amener dans mon pays une révolution sociale, disait un membre du parlement anglais, je réclamerais avant tout la centralisation. D'où vient, en effet, qu'en France tant de remaniements, tant d'essais dans des voies opposées, ont été insuffisants ? quelle cause cachée, inconnue, a pu renverser et n'a pas su redresser ? pourquoi n'a-t-il jamais été praticable de donner ce qui manquait ou de reprendre ce qu'il y avait de trop ? pourquoi toujours la violence comme moyen, et la mort comme remède ? Si, depuis un demi-siècle, tous ces gouvernements, divers d'esprit, de principes, de moyens et de circonstances, mis à l'épreuve ont amené les mêmes résultats ; si toujours l'opposition du pays a fini par se trouver victorieuse sur des ruines, il serait puéril d'en faire le tort de quelques hommes et de quelques circonstances. Dans d'autres conditions, ces circonstances n'eussent produit que des accidents passagers, transitoires ; dans d'autres conditions, ces hommes seraient tombés seuls : mais, dans la centralisation, il vient un dernier moment où le pouvoir ne gouverne plus simplement, où il lutte, où il combat et tombe comme l'on tombe sur la brèche d'une place prise d'assaut. Il faut voir la cause où elle est : elle est dans l'institution. Ce n'est pas la faiblesse de l'homme qui fait le mal : c'est le vice de la chose qui, tôt ou tard, le rend inévitable.

Et si, par la centralisation, telle qu'elle est en France, si pour trente-six millions d'hommes debout et comme pressés dans un forum, tout gouvernement d'ordre et de stabilité n'est pas espérable, il est d'autant plus sensible que la république une et indivisible, que la démocratie pure, unitaire, est là la combinaison la plus menacée. Cette république ayant moins de force disciplinaire, plus appauvrie d'influence hiérarchique, plus dégagée de responsabilité propre, n'ayant que la loi nue pour moyen, doit en user avec moins de ménagement, plus violemment et empirer ainsi les conditions de la centralisation. Dans cette république, la liberté est exposée à se faire audacieusement tyrannique. Là on se croit nominalement plus libre, mais au fond on est plus menacé ; car, si on est opprimé, c'est sans recours, au nom de tout le monde. Le pouvoir politique y affaiblit le pouvoir judiciaire. Centralisation et démocratie se repoussent.

Pour que la souveraineté du peuple reste la souveraineté nationale et soit une chose bonne, possible, il faut que le champ de cette souveraineté reste le plus rapproché, que le motif de la volonté s'y suffise du simple bon sens, et que tous voient clairement leur intérêt et leur liberté dans l'intérêt et la liberté de chacun.

TROISIÈME LETTRE.

———

Il est des choses si claires, dit quelque part Montesquieu, que, dès qu'il s'agit de les prouver, on est sûr de ne pas convaincre. La centralisation, on peut le craindre, est une de ces choses. En France, elle n'est dans la raison de personne : elle est dans la passion à peu près de tout le monde. Elle est une idée fixe, un préjugé national, une disposition du sang. Par cela que vous lui avez dû beaucoup, que vous lui avez dû votre indépendance et votre gloire, qu'elle se rattache au souvenir de votre supériorité politique, le sentiment national y tient obstinément. Ce régime vous a valu la force; mais faut-il poursuivre ce régime quand la force s'est faite fièvre? La centralisation, en effet, est l'unité comme force ; elle n'est pas la force comme juxtaposition. Elle gouverne trop et administre mal.

On fait valoir, en faveur de la centralisation, la nécessité d'un gouvernement fort : — depuis cinquante ans, ce gouvernement n'a résisté à rien. En outre, dans la centralisation absolue, un gouvernement de liberté fort, ressemble beaucoup à un gouvernement faible de liberté. Un gouvernement fort, comme on l'entend, est ici une contradiction. Il ne peut y avoir aujourd'hui que le gouvernement légal, et la centralisation ne peut être ce gouvernement légal.

En toutes choses, la centralisation manque de vérité. Là, par exemple, la facilité que tous ont de parler à tous au nom de tous, fait, en résultat, qu'à peu près tout le monde répète les paroles de quelques-uns. Le pays est l'écho d'une ville.

Ce sont les mœurs qui soutiennent les lois. Dans la centralisation, les mœurs ne résistent plus : le foyer, la famille, le clocher, ont perdu leurs limites et partant leur influence.

Dans la centralisation, même une chose bonne, vraie, a les inconvénients de propagation du faux. Au milieu de trente-six millions d'individus, la fraternité a bien de la peine à se faire vérité. On ne croit pas à l'amour de tout le monde. Si un homme tombait à l'eau, disait un ancien philosophe, j'irais à son secours; si le genre humain se noyait, je le laisserais faire.

Dans la centralisation l'opinion est trop souvent une émotion. On est remué, on n'est pas convaincu; et il y a des passions nationales plutôt qu'un esprit public.

Là l'enseignement public n'éclaire pas, il allume; il relève moins qu'il ne soulève : plus éclairé, on est moins résigné. On ne se fait pas mieux comme on était, où l'on était : on veut être bien, autrement et ailleurs. On se jette dans la foule.

La centralisation met le gouvernement trop au-dessus et trop loin du peuple. Le peuple ne le voit pas, ne le comprend pas, ou le comprend mal; et pour lui ou contre lui, il n'a que ses bras. C'est qu'il n'y a de véritable peuple que sur place, chez lui, devant sa porte. Dans les rues de la capitale, il n'y a que les passions du peuple, et la centralisation fait des barri-cades parce qu'elle manque de barrières.

Le gouvernement de la centralisation paraîtrait de-voir être d'autant plus jaloux, plus soucieux de puis-sance morale, et c'est celui qui s'en préoccupe le moins. Il semble croire que la force positive suffit, et

qu'une nation n'a pas besoin d'estimer son gouvernement.

La centralisation provoque et aggrave ce travers d'esprit, cette corruption de mœurs politiques, qui fait du
gouvernement la ressource et le trafic de tous les intérêts et de toutes les cupidités, qui le fait regarder comme
une sorte de propriété communale où chacun a droit de
faire paître ses bêtes. Tout le monde veut vivre de lui ou
par lui, gouverner ou être gouverné, en faire partie ou
en tirer parti. Le Français ne se croit jamais assez riche
pour être indépendant. Tout gouvernement, là, pour
une large portion du pays, a toujours son motif et sa
raison d'être; et le noir souverain de Saint-Domingue
aurait en France des adresses et des frais de représentation.

Par la centralisation, pas assez de liberté, trop de ré-
pression; partout des soldats, des gendarmes, des ser-
gents de ville; toujours des phrases, des discours; toujours, là, d'*affreux petits rhéteurs*, et là, de non moins
malencontreux grands orateurs.

Mais à quoi bon dire cela? qui ne le voit? Qui ne
se dit que vous êtes mal surtout, parce que vous voulez être tous bien, tous ensemble? Je n'ajouterai donc

qu'une dernière réflexion, qui peut-être n'est pas la moins grave.

Je conviens de l'urgence de réformes larges, suffisantes, dans l'administration intérieure de la France. Quoi qu'on fasse, dans la centralisation absolue ces réformes menacent d'être violentes, extrêmes, et c'est là ce qui les fait repousser par beaucoup de bons esprits. Mais enfin, obtenues même par des secousses et des dangers, sera-ce tout? serez-vous arrivés? On peut craindre que non; que bientôt on voudra davantage; qu'on voudra, en toutes choses, resserrer toujours plus la marge de l'égalité, agencer toujours plus la société à la petite mesure commune. Il n'y aura de terme à cette tendance de la démocratie unitaire que lorsque le grand nombre n'aura laissé au reste que le moins possib'e. En d'autres termes, dans la république une et indivisible de trente-six millions d'hommes, poussée à se faire sociale, la souveraineté du peuple, la souveraineté du nombre, servie par le suffrage universel, tend invinciblement, par voie légale, à la dictature populaire, au gouvernement d'une Convention. Plus tôt ou plus tard, c'est là que la centralisation démocratique mène.

Je m'arrête. Dans la centralisation absolue, la France

n'a pas de stabilité à espérer. Là, tout fait effort, et rien ne résiste. Tout est possible et rien n'est définitif. Là, quel qu'il soit, le pouvoir manque d'assentiment suffisant. Monarchie, il vous fait républicains ; république, il vous fait monarchistes. A un moment donné, pour un résultat prochain, la centralisation absolue a pu être moyen sans se faire fin. Elle a été une nécessité, mais elle est restée une contradiction. C'est une tension de force qui a sauvé la vie et rendu la santé impossible.

QUATRIÈME LETTRE.

Oui, je le crois, ce n'est qu'en dehors de la centralisation absolue que l'esprit de vraie conservation peut se
faire une force nationale, supérieure, et que l'idée socia-
liste peut rester une influence utile, applicable. Ce n'est
qu'en dehors de la centralisation absolue que les questions sociales d'impôt, de finances, d'administration à
bon marché et de liberté, peuvent être régulièrement
solubles. La question de la centralisation, selon moi,
est bien réellement la question de la France. Sorti de la
centralisation, seulement alors le pays peut se bien voir,
se bien juger, et ne vouloir que pour ses véritables intérêts.

Sans illusion ou préoccupation d'aucune sorte, et également au point de vue de toutes les dissidences, fixons-nous sur la situation actuelle.

Avant l'élection du 10 décembre, tous les partis pouvaient se croire en expectative pendante. La matière bouillonnait désordonnée. Il n'était pas impossible qu'elle se jetât dans tel ou tel moule, refait, modifié. On pouvait espérer de se continuer, de se relever dans la voie battue, mieux assise, mieux abritée. — La présidence a changé tout cela. Sortie de la tempête, avant tout, elle a voulu sagement l'apaisement; et le besoin d'ordre a accidentellement fondu les contraires. Mais, d'accord pour remettre le navire à flot, chacun se redressait à part pour une fois en saisir le gouvernail. La présidence, ainsi, a relevé les prétentions et grandi les partis. A la surface, en apparence, plus de force régulière, et au fond, en réalité, plus de rivalité de forces. La république menacée, devenue minorité dans les affaires, s'est disciplinée. Elle s'est comptée, alignée, enrégimentée; elle s'est donné ce qui lui manquait: l'unité du drapeau et l'ensemble de l'action. Par là la France a été partagée en deux camps. Dans l'un, démocrates de toute couleur, républicains de toute date, hommes de toute réforme et de tout progrès : ce camp s'appelle République ou Socialisme. Dans l'autre se sont groupés, par raison, par intérêt, accidentellement, des factions opposées, ennemies, voulant l'ordre, mais chacune à sa manière, dans des convictions diamétralement contraires. Ce camp s'appelle Conservation ou Antisocialisme.

Ainsi, d'un côté, la révolte de l'idée sous toutes ses faces, et de l'autre, dans les vieilles mœurs encore, la fidélité des baïonnettes. Maintenant, quelle peut être la conséquence de cette position violemment fausse? En viendrait-on à se tirer des coups de fusil? Ce serait la guerre civile. Même la guerre civile ne prouverait rien. Elle ne constaterait qu'un triomphe stérile. Le vainqueur serait impuissant à gouverner. Ce ne sont plus ici des rivaux, des personnalités qui, à différents titres, se disputent un héritage politique : ce sont les idées qui luttent, qui contestent, et qui rétabliraient bientôt l'antagonisme. Après comme avant l'événement, il n'y aurait là qu'une mêlée, qu'une terre qui tremble, qu'un gouvernement en garnison dans le pays, que la révolution ou la contre-révolution à quelques pas des gendarmes. Il faut bien se dire qu'en France la fin ne peut pas sortir du choc, qu'elle ne peut naître que de l'assentiment; et l'assentiment n'est possible, ne peut venir que par un changement logique d'assiette et de Constitution. Depuis un demi-siècle, la centralisation absolue vous fait marcher de violence en violence; et tant qu'il faudra lui demander la durée, elle ne donnera que le provisoire.

Supposez l'événement le plus avancé, le triomphe du parti réformateur, du parti auquel la centralisation absolue offre le plus de chance de réaliser ses idées; supposez le socialisme modéré devenu populaire et resté la force nationale supérieure. Il est arrivé; mais arrivé dans la centralisation, dans la république une et indivisible, se faisant forcément absolu, dogmatique, doctrinaire, voulant résoudre les hommes et les choses comme on opère sur des chiffres, il compliquera, il aggravera, il violentera sans succès la situation: ou il fera passer le pays à quelque chose d'analogue à l'état social des républiques du sud de l'Amérique, empiré de l'étendue des proportions; ou, en désespoir de cause, sous le sentiment de son impuissance, pour rester ce qu'il veut être, un principe possible de réforme et d'amélioration régulière, il changera ses conditions d'action, il reviendra à la nature ordonnée des choses, il se dira qu'il faut sortir de la centralisation absolue: c'est-à-dire, qu'il faut

se former et se constituer dans une décentralisation ou
entière ou suffisante.

La décentralisation entière, c'est l'État fédératif, des
États-Unis. Ce mode d'existence est plus logique, plus
définitif. La petite patrie dans la grande est la dernière
expression de la démocratie. Pour une démocratie pure
de trente-six millions d'hommes, l'unité politique ne
peut pas être plus que l'unité du drapeau, que l'unité
de la grande nationalité. Veut-on être républicain sérieux,
il n'y a pas moyen de l'être autrement que les Suisses et les
Américains. La république, pour vous, est à ce prix, je
le crois. Est-ce trop? Le génie de la France se refuse-
t-il à aller jusque-là? Croirait-il abdiquer quelque chose
s'il touchait à la souveraineté unitaire? Alors reste la
décentralisation relative ou suffisante.

C'est ici pour moi, sous tous les rapports, une question de froide raison, uniquement en vue de la France.
La France est de tendance démocratique, nul doute.
Là est sa vie, sa force, sa vérité, sa volonté; je dirai
même que, chez elle, seule la bonne démocratie peut
empêcher la mauvaise. La base, le fond est démocratique; et par la décentralisation suffisante, par ses

conséquences sur l'administration, par l'émancipation et la constitution de la commune, elle doit d'autant mieux s'agencer et se développer sur cette base. Mais, si la décentralisation relative est d'esprit essentiellement démocratique, elle ne saurait être d'expression républicaine. La république une et indivisible décentralisée est un non-sens. Si, unitaire, elle est menacée, moins unitaire, elle n'est pas viable. La décentralisation relative est trop ou trop peu pour elle. Logiquement, cette décentralisation suppose un centre fixe, et l'unité personnifiée à demeure.

On a dit que la forme monarchique avait fait son temps en France ; et dans les conditions du passé on a pu, selon moi, dire cela sans engager l'avenir, l'avenir des moyens. Une opinion démocratique des plus avancées, déjà ne voit de république unitaire possible que par un système de gouvernement où le pouvoir exécutif, sorti d'une assemblée nationale, est révocable par elle à volonté, c'est-à-dire, où l'assemblée fait office de grand jury gouvernemental. Supposez que cette conception fût jugée trop hardie, trop aventureuse, et qu'il fallût y renoncer, il est clair que l'opinion dont nous parlons tomberait sous l'alternative que nous avons posée : qu'elle ne ver-

rait de république réalisable que la république fédéra-
tive, ou, par une décentralisation moindre, que la démocratie à centre fixe. En effet, en admettant que la
monarchie traditionnelle, plus ou moins constitutionnelle, telle que vous l'avez eue, ne trouverait plus sa
place en France, ne peut-il pas être permis de dire qu'il
n'y a pas seulement d'applicable chez vous qu'un replâ-
trage d'autrefois et d'autres temps, qu'il y a l'État démocratique personnifié, à large base, à centre fixe, assis
et raisonné, et mesuré par le suffrage universel; qu'il
y a, en un mot, quelque chose de semblable à ce qui
fonctionne en Belgique. La royauté belge est purement
préservatrice et ne peut pas être autre chose.

La Démocratie à centre fixe, la République *moins une
exception*, n'est plus un compromis, un arbitrage, un
expédient entre deux ordres d'idées qui se repoussent et
forcés de vivre ensemble; elle n'est plus une concession
aux souvenirs, et aux prétentions du passé; elle ne donne
pas l'équilibre par antagonisme; il n'y a pas dualité;
elle est le pays, elle n'est pas l'autre moi du pays;
ici il n'y a pas nation dynastique, il y a dynastie nationale; point de cour, de gardes, de courtisans, le pouvoir ne penche pas à droite ou à gauche : il préserve
seulement, il assure; il est lest, il est obstacle au nau-

frage, et ne peut être que cela. Le principe de la souveraineté reste dans la nation, et par la décentralisation administrative, par le mouvement politique revenu du centre aux parties, par le jeu de l'esprit public sur place, cette souveraineté est hors d'atteinte de toute influence gouvernementale personnelle. Ainsi, je le crois, la grande démocratie unitaire peut se trouver dans des conditions suffisantes d'ordre et de viabilité. Et que manque-t-il à la Belgique pour être littéralement cela? Un mot. Donnez à ce pays le nom de république, ne serez-vous pas forcés d'avouer qu'il n'y a là rien de moins, qu'il y a la stabilité de plus, qu'il y a la liberté sans désordre, l'inégalité sans violence, et que ce régime suffisamment centralisé est un tempérament aussi sympathique et aussi favorable à la vérité démocratique, que la souveraineté unitaire de la République.

Oui, quoi qu'il advienne, dans la raison du pays comme dans l'intérêt de la liberté, l'État démocratique personnifié n'a de compétiteur sérieux en France que l'État fédératif républicain. Et par cela que tous les jours vous aimez mieux la liberté, le moment viendra où vous la voudrez mieux, où vous la voudrez vraie, pratique, tangible, comme chose, intérêt positif. Le moment viendra où tous vous direz : Plus d'abstractions, plus de centralisation absolue; la République comme en Amérique, ou la Démocratie comme en Belgique. Mais le temps, le temps seul peut-être, est chargé de poser et de résoudre dans cette voie la question de la France.

La France, c'est-à-dire une population de trente-six millions d'hommes, dans des conditions de vie et de développement les plus compliquées, peut-elle être république de la même manière qu'un canton suisse, c'est-à-dire qu'une population de cinquante à deux cent mille individus, dans des conditions de vie et de développement les plus simples et les plus similaires? On peut dire qu'une fois la raison de tous répondra non.

La France, pour rester république, doit-elle se diviser en petites souverainetés, comme la Suisse et l'Amérique, et se fixer dans le régime fédératif? Il est à croire que le sentiment national répondra toujours non.

Or, si la France ne peut pas être république comme un canton suisse, et si elle ne veut pas être république comme la Suisse ou l'Amérique, qu'y aura-t-il à faire pour rester dans ce principe de gouvernement devenu une nécessité et *qui vous divise le moins?* Le moment venu, l'expérience et l'intérêt national éprouvé répondront indubitablement : Il y a deux choses à faire. Il y a l'administration à décentraliser, autant que cela se peut sans compromettre la souveraineté unitaire, et il y a à donner au pouvoir, quelque nom qu'il porte, identité et stabilité continues : il y a à faire quelque chose de pareil à ce qu'on a fait en Belgique. Alors la Démocratie sera logique, et pour ou contre la République on n'aura plus à craindre une contre-révolution blanche ou une sur-révolution rouge; alors tous les intérêts, toutes les positions, tous les patriotismes se seront avancés vers ce grand et dernier résultat de l'état social : la liberté par l'ordre, et l'ordre par la liberté.

Je le sais, des hommes supérieurs de la démocratie et à différents titres, il y a là de grandes et patriotiques célébrités, sont fixes dans cette idée qu'on peut faire marcher trente-six millions d'hommes de front, en masse, par abstraction, par généralités, par le jeu du suffrage universel appliqué à tout. J'ai peu de foi à cette gigantesque expérience, à cet essai d'une galère à trente-six millions de rames. Mes doutes augmentent quand je vois citer à l'appui de la France l'Amérique du Nord qui lui ressemble si peu (1). Sans l'action locale, l'opinion du lieu, la vie sur place, sans l'esprit du foyer, la religion du clocher, l'influence des limites, sans les causes morales enfin, je ne pense pas qu'il puisse y avoir vérité, pondération et satisfaction suffisante dans l'économie sociale. Ce progrès-à la fois, cet avancement-ensemble, me rappelle ces troupeaux ahuris violemment entassés dans des wagons, que la locomotive du chemin de fer mène plus vite à a catastrophe.

(1) Voir la note à la fin.

CINQUIÈME LETTRE.

Par ce qu'elle a été et par ce qu'elle est, la France sent qu'elle ne peut pas appartenir à un principe absolu. Si le monde voulait simplement se contenter d'être comme il a été longtemps, à la seule condition d'être mieux, sans contredit la légitimité serait préférable, serait la chose la meilleure et la plus simple; mais le monde veut obstinément être mieux, autrement, par d'autres moyens. La légitimité, à son point de vue, n'est pas mauvaise, pas irrationnelle; comme principe elle peut séduire dans le jeune et digne prince qui la représente. Elle n'est pas viable, elle n'est pas possible comme chose : voilà son tort. Au dernier siècle la légitimité, telle qu'on vous la montre, eût fait le bonheur de la France : aujourd'hui c'est trop tard. Lui remettre la direction du monde de nos jours, autant vaudrait, disait un homme d'esprit, remplacer les vaisseaux de ligne par des trirèmes.

Si la légitimité veut simplement dire le retour au gouvernement parlementaire, au gouvernement constitutionnel par la branche aînée, vous reviendriez à ce que vous étiez avant 1830. Qu'auriez-vous gagné, quelle garantie auriez-vous de plus par la branche aînée que vous n'ayez eue par la branche cadette ? Cette légitimité aurait pour elle ceux qu'elle avait avant 1830, et contre elle ceux qui ont fait 1830. Ce serait un recul pur, simple, une expérience reprise dans les mêmes conditions où déjà elle a échoué.

On doit donc supposer que la légitimité, aujourd'hui, veut dire plus que le retour au régime parlementaire, au gouvernement constitutionnel, qu'elle veut dire l'arrivée à un régime autrement parlementaire, moins parlementaire, à un système de gouvernement plus fort de prérogative royale, assis sur un principe non créé, non contestable, et ainsi, en théorie, plus riche de garanties d'ordre et de sécurité. Ce gouvernement, s'il existait, dit-on, serait préférable. Soit ; mais, avait d'être préfé-

rable , il faut être possible. Cette légitimité aurait iné-
vitablement contre elle les idées de 89 et de 1830, c'est-
à-dire à peu près tout le pays. Elle aurait contre elle
ceux qui ne veulent ni la république ni la monarchie
aînée ou cadette ; et dans une opposition plus vive, plus
absolue que vis-à-vis de toute autre forme gouvernementale, elle aurait contre elle tout ce qui ne veut ni monarchie, ni dynastie, ni personnalité au pouvoir. Les
droits écrits ne sont pas encore de la force aujourd'hui.
Tous les gouvernements qui jonchent le passé ont eu
leurs droits écrits, leur charte, leur constitution. La
force n'est vraie, n'est réelle, de nos jours, que dans
l'assentiment suffisant. Ce n'est pas la vérité spéculative
qui manque à la légitimité : il lui manque l'air qui fait
vivre. Elle n'est pas dans la sympathie des temps ; elle
est une synthèse trop forte, et si l'on veut, trop sage
pour notre époque. L'assentiment largement national lui
fait toujours défaut. Acceptée par crainte, en désespoir
de cause *in extremis*, même le bien qu'elle pourrait
faire d'abord, le calme, la paix, le loisir qu'elle donne-
rait, tourneraient avant peu contre elle. Isolée des circonstances de son retour, réduite à son principe, elle
serait bientôt raisonnée, contestée et finalement reniée.
Restée un simple cadre de gouvernement, un simple

é tat-major politique, avec ses formes légales serait-elle plus heureuse, serait-elle dans d'autres conditions que les gouvernements qui l'ont précédée ? Aurait - elle donné à la loi écrite une vertu qu'elle n'aurait pas encore eue en France ?

Il ne peut être question en effet, désormais, que de gouverner la démocratie. S'il y a pour la France à espérer une fusion possible, vraie, suffisante, on ne peut la supposer que dans une combinaison la plus large et la plus nationale, satisfaisant aux nécessités de la démocratie en neutralisant ses dangers ; et la légitimité est la condition la moins propre à se faire ce demi-tempérament, cette demi-nature ; elle est trop pour la démocratie, et la démocratie est trop pour elle. La légitimité peut inspirer un sentiment de regret, elle ne saurait motiver l'illusion d'une espérance. Une société qui marche, n'a pas deux fois la fièvre monarchique du droit divin.

Aux républicains sérieux, on peut dire : Je vous conçois : par la pensée, qui n'est républicain ? En principe, je puis penser comme vous ; mais en France, ma raison m'empêche de vouloir comme vous. Quelque modérés que vous soyez, et malgré la droiture de vos intentions,

vous ne serez en France que des républicains isolés.
Dans votre conviction d'asseoir la république une et indivisible, avant d'être compris vous serez dépassés, et
vous aurez rendu tout ordre impossible, sans rendre la
république praticable. Vous aurez, sans espoir, contre
vous le passé, le caractère fait, l'influence native. Vous
aurez surtout contre vous l'assiette politique, l'existence
unitaire, par agglomération, par masse, le nombre dans
la centralisation, les hommes et les choses enfin. Chez
vous, le sang se fait sentir dans la volonté plus que la
conscience; et dans le monde politique tel qu'il s'est
fait, où il s'agite, le Français est avant tout peut-être
démocrate par la tête. Vous n'avez pas pu être protes-
tants : vous n'aurez pas moins de peine à être républicains. Et que ce rapprochement ne vous étonne point :
il n'y a pas encore eu dans le monde une véritable démocratie catholique. La raison en est simple : la vieille
société catholique a toujours été au fond une théocra-
tie déguisée. Aussi, par cela que l'honnête républicain
aime la France plus que la république, finit-il à peu
près toujours par modifier ses premières convictions.
Ce qu'il veut, en effet, ce qu'il faut vouloir aujour-
d'hui, sans violence, légalement, par de bonnes lois, la
liberté, l'égalité politique et l'inégalité sociale moindre,

ce n'est pas au principe républicain absolu, à la république une et indivisible, qu'il faut demander ces choses pour trente-six millions de Français. Si le régime républicain est le besoin définitif de la France, ce besoin ne peut trouver ses conditions de vie et de pondération qu'en dehors du système unitaire.

Ainsi, la France n'est pas assez monarchique pour le passé, et elle n'est pas assez républicaine pour le présent. Au fond la France n'est qu'accessoirement même dans la controverse politique ; elle est plus réellement dans le débat social, dans la question de bien-être positif. Le socialisme, qu'on l'exagère en bien ou en mal, qu'on en fasse un second évangile, ou un monstre avec des cornes et une peau rouge, le socialisme, dans son expression vraie, est une volonté d'amélioration dans les rapports de l'État et de l'administré, une appréciation revue de l'assiette, de la nature, de la répartition et de l'emploi de l'impôt. Chez vous les mots sont élastiques : ils s'enflent jusqu'à l'épouvantail, et de celui de socialisme vous avez fait un bouc émissaire pour tous vos péchés. Soyons justes : les socialistes ne sont pas la cause du mal ; ils sont simplement, si vous le voulez, les empiriques du remède : ils veulent vous guérir comme vous ne voulez pas l'être, voilà tout. Le peuple, lui, veut une importance politique plus directe seulement pour être mieux. Un gouvernement à petites dimensions, à esprit et à proportions exceptionnelles, où il a trop de peine à se faire légalement sentir, ne lui suffit plus ; et l'on peut dire que même pour la partie de la population attachée à la république, la forme républicaine n'est pour elle que le moyen de se faire sentir, d'être justement quelque chose. Ainsi l'importance du peuple est aujourd'hui une nécessité ; mais le pays la veut sans pression populaire et sans réaction dynastique ; et pour que la pression soit inutile, il veut que l'importance soit inévitable. Telle est, je le crois, la disposition vraie de la France.

Le bonapartisme a bien saisi cette disposition, et sa politique a été de se montrer au pays comme le terme moyen entre les deux principes absolus : la légitimité et la république, le passé et l'avenir. Là a été sa force. C'est une force de fait, de position, d'à-propos. Toute autre influence a été ici secondaire. Le *nom*, et le souvenir de l'Empire n'ont servi que d'exhaussement à la situation. Cela est si vrai, que même les fautes de la présidence et le zèle compromettant de ses amis n'ont pu la desservir ; la masse pourrait être disposée à croire que le président est le plus propre parce qu'il est le plus près. Dans son impatience, le pays peut s'accoutumer au chemin le plus court, et dire : Que ce qui est soit.

Sans doute, le bonapartisme n'a pour lui que l'occasion, que la lassitude, et la peur des autres. Sans doute, il n'est qu'un accident. Si le prince Louis n'eût pas été président de la république, personne n'aurait songé au bonapartisme. Ce n'est pas un nom ou un homme qui manque à la situation : c'est une chose, une mesure, un principe consenti, parce qu'il serait sympathique à tous les intérêts et à toutes les libertés. Si, dans des temps favorables, le premier Empire, malgré la gloire et le génie, n'a pu se faire une institution, et n'a été qu'une épopée : dans un temps comme le nôtre, sans la gloire et sans le génie, un second Empire ne saurait être qu'une péripétie. L'Empire et l'étoile de l'Empire, pour la France, sont tout entiers dans l'histoire. Lorsqu'on établit un rapprochement entre Octave et le prince Louis, on oublie une chose : c'est que, sous le neveu de César, la démocratie s'en allait, et qu'elle arrive sous le neveu de Napoléon.

Mais chez vous, les questions politiques se résument aisément en questions de force. Là on ne se dit pas : Où est le droit, la vérité, la fin? on se dit : Où est la force? qui sera le plus fort? On aime mieux subir que résister. Alors que les premières convictions sont pour les intérêts matériels, une lutte de principes entraînerait difficilement les hautes positions de la société. Beaucoup de personnes pensent qu'il n'y a pas assez d'énergie en France pour arriver à la guerre civile.

Mais chez vous, et aujourd'hui surtout, on ne se préoccupe pas d'un long avenir : l'avenir, c'est demain; se continuer est le souci journalier. On craint tout mouvement, tout changement; on hésiterait à demander même le mieux à l'inconnu. L'inertie peut se faire force supérieure, et pour être lorsque l'on est, il pourrait suffire de l'avantage de dernier occupant. Ainsi, l'avenir qui est à deux pas de vous laisse dans un doute complet. Le pays voudra-t-il comme la constitution? l'assemblée voudra-t-elle autrement que le pays? Si elle cède, elle peut faire un Empereur; si elle résiste, elle peut amener une révolution. Que fera-t-elle? Nul ne le sait, l'assemblée elle-même ne le sait pas. Quoi qu'il en soit, la solution ne peut sortir du conflit. Victorieux, le bonapartisme resterait un fait aussi éloigné de la fin que la république romaine par un empereur est dissemblable de la démocratie belge par un roi, ou du système fédératif américain par un président.

Voilà, à peu près, mes idées sur votre pays. Je puis les résumer en quelques mots. Faisant abstraction des temps et des personnes, je dis : Sous le régime de la liberté, la centralisation absolue est une violente contradiction. Une fois la France devra sortir de cette contradiction : ou elle arrivera à l'État fédératif républicain, ou elle s'arrêtera dans l'État démocratique personnifié à centre fixe. Ces deux combinaisons peuvent seules supporter le mouvement des esprits et le jeu du suffrage universel, ou à peu près universel. En dehors d'elles, je ne vois que le chaos ou le néant.

Sortis de la centralisation, vous ne serez pas sauvés, mais vous serez moins dans l'impossibilité de vous sauver. Vous aurez enlevé au mouvement sa tête de bélier. Malheureusement, le grand obstacle est que, chez vous, toute le monde veut la centralisation : tous les partis y voient leur condition de force et de succès. Tous croient qu'il y a chance pour eux à resserrer le débat sur un point, dans un choc, à remettre enfin le sort de tous aux mains des Horaces et des Curiaces. Or, dans cet antagonisme à quatre, où chaque parti court à l'assaut du pouvoir, il n'y a ni victoire définitive, ni défaite absolue. Ceux qui sont trop faibles pour gouverner restent assez forts pour empêcher les autres de gouverner ; et il est clair que cet état de choses, une fois, laisse prévoir une crise finale au profit de nouveaux arrivants.

C'est à ce point de vue surtout, c'est dans ses grandes conséquences sur la destinée ultérieure de la société, qu'il faut considérer aujourd'hui la centralisation absolue. On a dit que la concentration du monde alors connu, dans la puissance romaine, avait été une voie providentielle à l'apparition et à la propagation du christianisme. Ne peut-on pas dire que la centralisation de la France, elle aussi, semblerait destinée à aider l'envahissement extrême des idées nouvelles ? La centralisation, aux mains du parti novateur absolu, est bien certainement le moyen le plus prompt, le plus large et le plus infaillible d'une transformation violente. Que se dire et qu'espérer sous le coup de cette situation ? Le passé de tous les temps ne prouve déjà que trop que les transformations successives de l'état social ne se succèdent pas simplement, et qu'elles se remplacent violemment. La transition lente, progressive, d'une durée de temps, paraît n'avoir eu lieu que pour arriver au heurt. Pour passer d'un état à un autre, pour franchir, il faut des expiations et des sacrifices. Le lendemain de l'événement, la raison de l'homme le juge et le déplore : la veille, elle n'a su y rien mettre du sien. Faudrait-il croire que nous sommes arrivés à une de ces crises, de ces solutions de continuité, où il faut que le mal se fasse, où, pour la société aussi, la vérité est au delà de la tombe ? Se pourrait-il que l'esprit humain fût sollicité, comme à l'heure providentielle du cataclysme la matière inerte est soulevée, — et que la démocratie moderne ne disputât pas seulement une place ?

NOTE.

(Page 33.)

L'exemple de l'Amérique dit peu en faveur de la France. Si le principe est le même, l'application et l'exercice comportent de grandes différences. Les intérêts matériels en Amérique peuvent exceptionnellement suffire encore, et suppléer et remplacer certaines influences morales. Là il y a de la place et de l'air pour toutes les volontés et toutes les activités. On se déplace, on change de direction sans toucher personne. Pour être bien, il suffit de travailler, et pour travailler il suffit de le vouloir. La facilité du travail en Amérique assure l'ordre et garantit la sécurité.

Mais, enlevez à ce pays ces avantages exceptionnels d'espace et de sol, son existence de colon et son complet affranchissement de toute tutelle gouvernementale ; résumez la population des États-Unis dans une assiette territoriale relativement restreinte ; faites-en une société close, comme la France ou l'Italie, et bientôt les intérêts matériels ne suffiront plus : ces intérêts se changeront en passions ; l'ordre voudra d'autres garanties ; le besoin et le mécontentement se feront réaction de bas en haut ; bientôt on se dira que le malaise devenu chronique des uns, tient au bien-être fait trop facile des autres. Ainsi, l'on tombera dans les inquiétudes, les doctrines et les synthèses sociales.

Résumée sur un point, et en outre, pressée, centralisée et gou-

vernée comme vous, l'Amérique serait plus mal que vous. Dans vos
conditions d'assiette et de constitution, la démocratie américaine
serait plus violente et plus révolutionnaire que la vôtre ; sans doute,
c'est le principe démocratique absolu qui a rendu les États-Unis ri-
ches, prospères et puissants ; mais c'est le principe démocratique
en Amérique, sur un sol vierge, ayant pour lui l'espace, et n'ayant
pas contre lui le passé.

www.ingramcontent.com/pod-product-compliance
Lightning Source LLC
Chambersburg PA
CBHW061248030726
47595CB00004B/1757